Bibliografische Information der Deutschen Nationalbibliothek:

Die Deutsche Bibliothek verzeichnet diese Publikation in der Deutschen National-
bibliografie; detaillierte bibliografische Daten sind im Internet über http://dnb.d-
nb.de/ abrufbar.

Impressum:

Copyright © 2018 GRIN Verlag
Druck und Bindung: Books on Demand GmbH, Norderstedt Germany
ISBN: 9783346140722

Dieses Buch bei GRIN:

https://www.grin.com/document/520749

Anonym

Sportmarketing mit Bezug auf den TSG Hoffenheim

GRIN Verlag

GRIN - Your knowledge has value

Der GRIN Verlag publiziert seit 1998 wissenschaftliche Arbeiten von Studenten, Hochschullehrern und anderen Akademikern als eBook und gedrucktes Buch. Die Verlagswebsite www.grin.com ist die ideale Plattform zur Veröffentlichung von Hausarbeiten, Abschlussarbeiten, wissenschaftlichen Aufsätzen, Dissertationen und Fachbüchern.

Besuchen Sie uns im Internet:

http://www.grin.com/

http://www.facebook.com/grincom

http://www.twitter.com/grin_com

Deutsche Hochschule für

Prävention und Gesundheitsmanagement

Hermann Neuberger Sportschule 3

66123 Saarbrücken

Einsendeaufgabe

Fachmodul:	Sportmarketing
Studiengang:	Sportökonomie
Datum Präsenzphase:	23.04.18-26.04.18
Studienort:	**Stuttgart**
Semester:	**WS 16**

Inhaltsverzeichnis

1 SWOT-Analyse der TSG Hoffenheim

Tabelle 1: SWAT-Matrix der TSG Hoffenheim

	Stärken	**Schwächen**
	1. Jugendarbeit	1. Image
	2. Trainer	2. Mitgliederanzahl
	3. Erfolg der Profimannschaft	3. Stadion
Chancen	**SO-Strategien**	**WO-Strategien**
1. Qualifikation für den internationalen Wettbewerb	1. Langjährigere Verträge mit dem Trainerteam	1. Stadionerweiterungen und -modernisierungen
2. Erhöhte Gewinnausschüttung	2. Förderung der Jugendarbeit	2. Mitgliederkampagne
3. Erhöhte Bereitschaft von B2B		
Risiken	**ST-Strategien**	**WT-Strategien**
1. Verlust von Leistungsträgern	1. Langjährigere Verträge mit Leistungsträgern	1. Imagekampagne
2. Gesteigerte Gehaltserwartungen	2. Eingliederung von Top-Jugendspieler in den Profi-Bereich	2. Anpassungen des Sponsoringkonzeptes
3. Verlust von Sponsoren		

1.1 Stärken

Eine Stärke der TSG 1899 Hoffenheim ist eine sehr gute Nachwuchs- und Jugendarbeit mit einem Nachwuchsleistungszentrum samt integrierter schulischer Förderung. Das NLZ wurde vom DFB mit der Auszeichnung „Eliteschule des Fußballs" betitelt. Die Jugendspieler der TSG 1899 Hoffenheim werden so optimal für die Karriere als Fußballprofi sowie aus sozialer Hinsicht vorbereitet (Achtzehn99, 2018).

Eine weitere Stärke der TSG 1899 Hoffenheim ist der Trainer samt seines Stabes. Julian Nagelsmann gilt als ein Trainer der neuen Generation und zählt mit seinem Alter von 30 Jahren zu den jüngsten Trainern der Bundesliga. Er ist bereits seit acht Jahren im Verein tätig und gewann die U19-Meisterschaft. Seit 2016 ist er Trainer der ersten Mannschaft und führte die Mannschaft nun zum zweiten Mal in Folge in den internationalen Wettbewerb (Cherdron, 2017, S. 83 f.).

Eine weitere Stärke der Hoffenheimer sind die Erfolge der Profimannschaft. Im Vergleich zum VfB Stuttgart wird die TSG zum einen den internationalen Wettbewerb erreichen sowie durch eine bessere Platzierung eine höheren Anteil der TV-Gelder, da sich diese auch an den Erfolgen der vergangenen Jahre misst (Heckmann, 2018).

1.2 Schwächen

Die wohl größte Schwäche ist das Image der TSG 1899 Hoffenheim. Die negativen Assoziationen mit der fehlenden Tradition des Vereins sind der größte Angriffspunkt des Vereins. Oftmals wird die TSG als „Retortenclub" bezeichnet, da durch viele finanzielle Mittel ein Aufstieg von der Regionalliga bis zur Bundesliga innerhalb von drei Jahren gelang (Woisetschläger, Backhaus, Dreisbach, & Schnöring, 2015).

Eine weitere Schwäche ist die geringe Anzahl an Mitgliedern im Verein. Der VfB Stuttgart hat im Mai 2018 eine Mitgliederanzahl von 60.449 Mitgliedern und die TSG 1899 Hoffenheim nur 9.664 Mitglieder. Dies zählt zu einer großen Schwäche, da es nicht gelungen ist in der kurzen Zeit des Aufstiegs aus der Regionalliga in die Bundesliga genügend Mitglieder zu akquirieren (Transfermarkt, 2018).

Eine weitere Schwäche ist das Stadion mit einer Kapazität von 30.150 Plätzen. Im Vergleich dazu stellt der VfB Stuttgart ein Stadion mit 60.449 Plätzen, dass 2011 zur reinen Fußballarena umgebaut wurde. Der Neubau des Stadions der TSG 1899 Hoffenheim war 2009. Seitdem wurde das Stadion nicht mehr renoviert (Seidel, 2018).

1.3 Chancen

Eine große Chance für die TSG 1899 Hoffenheim ist die Qualifikation für die Champions League. Nach dem 34. Spieltag der Bundesliga steht der Verein auf dem vierten Tabellenplatz. Durch eine Qualifikation für den internationalen Wettbewerb steigt die Bekanntheit des Vereins sowohl national als auch international.

Eine weitere Chance ist die erhöhte Gewinnausschüttung durch eine bessere Platzierung. Zum einen durch die Fernsehgelder und zum anderen durch Prämienzahlungen der Sponsoren.

Des Weiteren kann eine Teilnahme am internationalen Geschäft zu vermehrten Sponsoring-Aktivitäten kommen, da durch die erhöhte Aufmerksamkeit auf die TSG 1899 Hoffenheim auch die Aufmerksamkeit auf die möglichen Sponsoren zunimmt.

1.4 Risiken

Das größte Risiko ist der Verlust von Leistungsträgern bei einer hohen Platzierung, da mehrere größere Clubs auf die Spieler aufmerksam werden. Allerdings kann auch bei ausbleibenden Erfolg der Spieler den Verein innerhalb der Liga zu einem Konkurrenten wechseln.

Ein weiteres Risiko sind die gesteigerte Gehaltserwartung der Spieler und der Trainer nach erfolgreichen Jahren wie beispielsweise einer Qualifikation für den internationalen Wettbewerb, da die Konkurrenten innerhalb des internationalen Geschäfts sehr hohe Gehälter zahlen, muss man demnach wettbewerbsfähig bleiben.

Der Verlust von Sponsoren bei Erfolgen oder einer besseren Saisonplatzierung des VfB Stuttgarts ist ebenso ein großes Risiko für die TSG 1899 Hoffenheim, da viele Unternehmen sich mehr mit Tradition verbunden fühlen und demnach den traditionsstärkeren und mitgliederstärkeren Verein unterstützen.

1.5 SO-Strategien

Da Julian Nagelsmann eine sehr wichtige Stütze der TSG 1899 Hoffenheim ist, bildet ein langjähriger Vertrag mit ihm und seinem Trainerteam die Grundlage für den weiteren sportlichen Erfolg in der Zukunft. Man nutzt hierbei den sportlichen Erfolg und die höhere Gewinnausschüttung um den Trainer mit Prämienzahlungen nach erreichten Zielsetzungen oder durch ein passenderes Gehalt weiterhin am Verein binden zu können.

Eine weitere Strategie bildet die Förderung der Jugendarbeit. Die Jugendakademie kann durch Sponsoring gefördert werden, indem man gezielt die Scoutingmaßnahmen im Jugendbereich erhöht, um Talente frühzeitig zu erkennen und fördern zu können. Weitere Förderungen und Investitionen in die Jugend sind die Erweiterung der Trainingsanlagen sowie modernste Fußballausstattung.

1.6 WO-Strategien

Das Stadion der TSG 1899 Hoffenheim soll durch Erweiterungen eine Kapazität von 40 000 Plätzen erreichen, um zum einen gegenüber der regionalen Konkurrenz und zum anderen auf internationaler Bühne wettbewerbsfähig zu sein. Des Weiteren soll das 2009 erbaute Stadion modernisiert werden. In Planung sind hierbei uneingeschränkter WLAN-Zugriff innerhalb des Stadions sowie die Modernisierung der VIP-Anlagen.

Die fehlenden Mitglieder sollen zum einen durch den sportlichen Erfolg aber auch durch eine Mitgliederkampagne akquiriert werden. Hierbei wird es über die Fanclubs eine Gewinnspielaktion geben. Jeder Fanclub der mehr als zehn Mitglieder akquiriert erhält 20 Freikarten, sowie ein Meet & Greet mit einem Spieler der TSG 1899 Hoffenheim. Als weiteren Bonus kann man für mehr als 18 geworbene Mitglieder einen Spieler seiner Wahl treffen.

1.7 ST-Strategien

Um den Erfolg des Teams zu gewährleisten gilt es die Leistungsträger zu halten. Dies gelingt über eine langen Vertragszeitraum, sowie die Anpassung des Gehalts und das Einbauen von Prämien nachdem sie eine bestimmte Anzahl von Spielen erreicht haben. Falls der Spieler dann dennoch den Wunsch äußert, den Verein verlassen zu wollen, kann man für diesen Spieler eine Ablösesumme fordern.

Um mögliche Abgänge von Leistungsträgern kompensieren zu können, gilt es Top-Nachwuchsspieler schon frühzeitig an den Profibereich heranzuführen. Zum einen werden den besten Jugendspielern Mentoren zugewiesen, die ihnen hilfreiche Tipps geben können. Des Weiteren werden die drei Besten U19 Spieler ohne Profivertrag am Training der 1.Mannschaft teilnehmen. Somit ist die TSG 1899 Hoffenheim auch für junge ambitionierte Spieler interessant, weil man als Nachwuchsspieler schnell die Möglichkeit hat, in den Profibereich zu gelangen.

1.8 WT-Strategien

Um die TSG 1899 Hoffenheim seiner negativen Assoziationen zu entziehen bedarf es einer Imagekampagne. Diese sieht vor das Leitbild des Vereins zu einem modernen und innovativen zu gestalten. Hierbei spielt die Verbundenheit zum Dorf Hoffenheim eine große Rolle. Die mangelnde Tradition soll hierbei in den Hintergrund gelangen, sodass das neue Image des modernen Fußballclubs TSG 1899 Hoffenheim entstehen kann.

Um den Verlust von Sponsoren entgegenzuwirken bedarf es eines neuen Konzeptes. Man nutzt sein neu kreiertes Image und wendet sich den kleinen sowie Start-Up-Unternehmen zu, die über ein geringeres Kapital verfügen. Und bindet diese an den Verein über kleinere Beiträge im höheren dreistelligen bis vierstelligen Bereich. Man richtet Werbebanden außerhalb sowie innerhalb des Stadions ein, um den kleineren Unternehmen eine neue Möglichkeit des Sponsorings zu bieten. Das Motto des neuen Sponsoringkonzeptes lautet „Quantität statt Qualität".

2 Merchandising und Licensing

2.1 Wer

Bei der Auswahl eines Geschäftsmodelles wird das komplette Merchandising in Eigenregie betrieben. Dieses Modell beschreibt das klassische Merchandising, wobei der Vertrieb der Fanartikel clubintern von statten geht. Das Fanartikelsortiment, welches in einem zweiten Schritt detailliert aufgeführt wird, erfolgt ebenso vereinsintern. Das heißt der Club wird über das Merchandising nicht entlastet und lässt keinerlei Fremdbestimmung zu (Rohlmann, 2011, S. 248).

2.2 Was

Tabelle 2: Sortimentsrahmen für die Merchandisingplanung

Planungsbezug / Produktbezug	Saisonunabhängige Planung	Saisonspezifische Planung	Aktionsspezifische Planung
Primärer Bezug zum Spielgeschehen	Nostalgie-Trikot-Set Armschützer	Heimtrikots Auswärtstrikots	
Primärer Bezug zum Stadiongeschehen	Caps Hoodies	Saisonshirts Stadionheft	Jubiläumsschals
Primärer Bezug zum Alltag der Fans	Handtücher Brotdosen	Hausaufgabenhefte	Schoko-Hasen

Die Sortimentsarchitektur umfasst beim primären Bezug zum Spielgeschehen bei der saisonunabhängigen Planung, ein Nostalgie-Trikot-Set aus dem Gründungsjahr 1987 sowie Armschützer inklusive des Vereinswappens. In der saisonspezifischen Planung werden alle drei Jahre ein neues Heim- und ein neues Auswärtstrikot im Sortiment aufgenommen. Beim primären Bezug zum Stadiongeschehen werden Caps sowie Hoodies in die saisonunabhängige Planung aufgenommen. In der saisonspezifischen Planung wird es jeweils ein Saisonshirt und ein Stadionheft mit News, Terminen, Sponsoren und Partnern geben. Anlässlich des 30-jährigen Jubiläums wird es Schals in begrenzter Stückzahl geben, welche zur aktionsspezifischen Planung zählen. Beim primären Bezug zum Alltag der Fans wird es Handtücher, sowie Brotdosen mit dem Vereinswappen geben. In der saisonspezifischen Planung zum Alltag der Fans wird es ein Hausaufgabenheft mit News und allen Terminen der Saison geben. Als Aktionsplanung wird es zu Ostern eine begrenzte Anzahl an Osterhasen in den Vereinsfarben geben.

2.3 Wem

Der Verein beschreibt sich als familiär, deshalb werden zum einen Familien und zum anderen explizit Kinder und Jugendliche angesprochen. Durch Artikel wie Hausaufgabenhefte oder Brotdosen sollen die Schüler auf den Verein und auf die Sportart Volleyball aufmerksam gemacht werden. Mit Hilfe der Schul-AG haben sie die Möglichkeit in den Verein einzusteigen. Des Weiteren beschreibt sich der Verein als sportlich, weswegen Armschützer für den selbständigen Volleyball und Handtücher für den Beachvolleyball ins Sortiment aufgenommen worden sind. Die Zielgruppe sind demnach hauptsächlich Kinder und Jugendliche, als auch sportbegeisterte Menschen in jedem Alter.

2.4 Bedingungen

Bei der Merchandisingplanung werden drei preispolitische Strategien verwendet. Bei der aktionsspezifischen Planung wird eine Premiumpreispolitik festgelegt, welche darauf abzielt die Marketingmaßnahmen als sehr exklusiv darzustellen. Bei der saisonspezifischen Planung wird die Abschöpfungspreispolitik angewandt, da die Artikel zu Beginn der Saison neu und exklusiv sind und im Verlauf der Preis stetig abgeschöpft wird, weil am Ende der Saison wiederum eine neue Saison und ein neues Merchandisingkonzept warten. Bei der Saisonunabhängigen Planung wird die Marktpreisstrategie angewandt, um bei den Artikeln mögliche Preisabweichungen zu vermeiden. Diese Artikel können jederzeit erworben werden und sollen sich deshalb stetig im Durchschnitt des Marktes bewegen (Rohlmann, 2011, S. 254).

2.5 Kanäle

Es wird zum einen der Eigenvertrieb durch einen Produktkatalog, sowie eines Online-Fanshops und zum anderen der Fremdvertrieb mittels sportnaher Einzelhändler in der Region des Volleyballvereins verwendet. Es wird ebenso einen flexiblen Fanshop-Bus geben, welcher zu Heim- und Auswärtsspielen sowie zu Events benutzt wird. Um im Merchandising erfolgreich zu sein, bedarf es differenzierter Vertriebsstrukturen, weswegen sich der Verein auf diese festgelegt hat (Rohlmann, 2011, S. 252).

2.6 Begleitmaßnahmen

Zwei Maßnahmen innerhalb der Kommunikation nach Berücksichtigung des Budgets sowie der Präsenz und des qualitativen Umfangs der Fanartikelwerbung sind eine Vereinszeitschrift und persönliche Ansprachen. Die Vereinszeitschrift wird mithilfe von Sponsoring erstellt und dient dazu das neue Konzept zu vermarkten, sowie die Fans und Einwohner der Stadt bei Events auf das 30-jährige Jubiläum des Vereins hinzuweisen. Bei Sportevents aller Art wird ein Stand des Vereins vertreten sein, welcher erste Informationen mittels einer direkten Ansprache gibt und den Interessenten eine Vereinszeitschrift mit nach Hause gibt. Die Fans werden ebenso durch eine direkte Ansprache auf das neue Merchandisingkonzept hingewiesen (Rohlmann, 2011, S. 255).

2.7 Zeitraum

Das Merchandising ist lediglich für die Jubiläumssaison gültig, wobei der Grundstamm der saisonunabhängigen Planung bestehen bleibt und dementsprechend durch neue Artikel erweitert wird. Die saisonspezifische Planung ist jeweils für drei Jahre gültig und wird ebenso durch Zusatzartikel zielgruppenorientiert erweitert. Die aktionsspezifische Planung wird zum 40-jährigen Jubiläum erneut mit kleinen Abwandlungen im Fanartikelsortiment vollzogen.

3 Digitalisierung

3.1 Vorstellung des Vereins

Tabelle 3: Wichtige Kennzahlen und Daten des Jugendorientierten Vereins

Vereinsangebot (Kernangebot des Vereins)	Fußballsparte 2 Profimannschaften und A- bis F-Jugend Tennisabteilung Herren und Jugend von U17 bis U13 Schwimmmannschaften von U18 bis U14
Mitgliederzahl	700-800 Mitglieder
Anzahl bezahlter Mitarbeiter	60-70 bezahlte Mitarbeiter
Anzahl ehrenamtlicher Mitarbeiter	40-50 ehrenamtliche Mitarbeiter

3.2 Zielgruppen und Marketingziele der App

Tabelle 4: Zielgruppen und Marketingziele der App

Jugendliche zwischen 12 – 18 Jahre	Junge Erwachsene 19 - 34 Jahre
Neue Mitglieder anzuwerben	Kreieren eines neuen Image des Vereins
Verbundenheit mit dem Verein erhöhen	Erhöhung der Reichweite des Vereins

Die Zielgruppe der Jugendlichen beinhaltet zum einen das Marketingziel der Neumitgliederakquise. Hierbei sollen in der Altersgruppe der 12- bis 18-jährigen durch die App Möglichkeiten geschaffen zu werden, dass sie durch den Verein in Kontakt bleiben können. Dies soll in einem zweiten Marketingziel auch die Verbundenheit zum Verein erhöhen. Die App soll den jugendorientierten Verein zu etwas Besonderen auf dem Sportmarkt machen.

In der Zielgruppe der jungen Erwachsenen gilt es ein neues Image des Vereins zu kreieren, da unser Verein sehr modern und transparent erscheinen soll. Durch die App soll die Reichweite innerhalb der Zielgruppe erhöht werden. Das heißt die Angebote unseres Vereins sollen bekannter werden, um somit die Anzahl der App-User und im Folgenden die Anzahl der Mitglieder zu erhöhen.

3.3 Themen der App

Tabelle 5: Themen der App

Themen	Mehrwert für den Kunden	Mehrwert für den User
Online-Berichterstattung sowie Vor- oder Nachberichte	Leichteres Übermitteln von Vereinsinformationen und Vereinsnews	User kann jederzeit auf gewünschte Informationen zugreifen
Live-Übertragungen der Wettkämpfe beziehungsweise der Spiele	Erhöhung der Reichweite der App und des Vereins bei Wettkampfübertragungen, da auch Nicht-Mitglieder den Stream sehen können	User kann Verein verfolgen, auch wenn er nicht beim Wettkampf sein kann
Interne Kommunikation der Vereinsmitglieder mittels Chats	Leichtere Kommunikationswege mit den Mitgliedern	Verbesserung der internen Kommunikation zwischen den Usern
Vermittlung von Trainingsmethoden mit Videos durch die Trainer	Videos ermöglichen den Mitarbeitern Entlastung, da User selbstständig lernen können	User kann selbständig lernen und ist nicht mehr ausschließlich auf die Trainingsstunden angewiesen

3.4 Chancen und Risiken der App-Einführung

3.4.1 Chancen

Durch die Vereins-App hat jeder User die Möglichkeit mit anderen Usern zu kommunizieren. Man gibt ihnen jedoch auch die Möglichkeit jederzeit untereinander diskutieren zu können. Man kann dadurch den Usern beziehungsweise den Mitgliedern die Chance geben ein Mitspracherecht zu haben, indem man die Meinung und Beiträge der User aufnimmt und in die Entscheidungen einfließen lässt. Dies zeugt ebenso von ausnahmsloser Transparenz zwischen Verein und seiner Mitglieder (Kratochvil, 2011, S. 103).

Eine weitere Chance sind die Arbeitserleichterungen im Zuge einer App. Man hat dadurch die Möglichkeit den Usern direkt News, Live-Ergebnisse oder auch Lehrvideos direkt über die App zur Verfügung zu stellen. Die Mitglieder sind dadurch leichter zu erreichen und man kann Interessierte noch schneller auf den Verein aufmerksam machen. Die Arbeitserleichterung ist vor allem, dass man nur noch Informationen über die App vermitteln braucht und sich dadurch Zeit einspart, die vorher durch E-Mails oder Briefe schreiben verwendet wurde.

3.4.2 Risiken

Ein großes Risiko ist eine schlechte Verarbeitung oder auch zu schlechte Qualität der App. Sobald kein gutes Design und eine vereinfachte Menüführung vorhanden sind, kann es zu Unübersichtlichkeit führen und die App schnell in Vergessenheit geraten. Es ist demnach wichtig genug Mittel in die App und dessen Design zu investieren, um eine Bedienung ohne größere Probleme ermöglichen zu können.

Ein weiteres Risiko ist der Verlust der Mitglieder ohne Zugang zu dieser App. Die eisten Mitglieder des Vereins sind Senioren und auch Kinder unter 12 Jahren. Die meisten Menschen der beiden Gruppen besitzen kein Smartphone und haben demnach keinen Zugang zu der App. Durch die Möglichkeit der Interaktion innerhalb der App können sich die zwei Gruppen vernachlässigt fühlen und die Beziehung durch das neue Image des Vereins verlieren.

3.5 Möglichkeiten der Bekanntheitsgradsteigerung

Eine erste Möglichkeit den Bekanntheitsgrad der App zu erhöhen ist durch aktives vermarkten der App über die Homepage oder auch Social-Media, da dort die richtige Zielgruppe vertreten ist. Durch diese Maßnahme über einen direkten Link zu Download oder einen sogenannten QR-Code kann man eine vereinfachte Installation gewährleisten.

Durch Gewinnspiele innerhalb der App, soll die Nutzerzahlen erhöht werden. Die Preise sollen für den Nutzer von Interesse sein, deshalb wird auch wieder über das Social-Media Marketing betrieben. Man gibt den Kunden dadurch einen Anreiz seine App zu besuchen.

Durch Google-Ads soll bei Schlagwörtern innerhalb der Google-Suche der User direkt auf die App aufmerksam gemacht werden. Dadurch werden sich der Bekanntheitsgrad und die App-User kontinuierlich steigern.

Eine weitere Möglichkeit die Userzahlen oder die Downloads zu erhöhen ist über ein Affiliate-System zu agieren. Das heißt User der App können sich eine URL mit dem Download generieren und sobald mehr als fünf User die App über diesen URL-Link runtergeladen haben, bekommt dieser eine Prämie, was wiederum das Empfehlungsmarketing steigern kann.

4 Sponsoring

Das fiktive Unternehmen ist ein Sportartikelhersteller, welcher über eine große Produktpalette verfügt. Neben Sportklamotten, Ausrüstung von verschiedenen Ballsportarten bietet das Unternehmen spezielle Laufausrüstung sowie Laufschuhe an. Die Zielgruppe des Unternehmens entspricht sport- und speziell laufbegeisterte Menschen jeglichen Alters sowie beiden Geschlechtern. Die Distributionskanäle des Unternehmens waren bisher der Eigenvertrieb über Kataloge sowie das Internet. Ebenso im Fremdvertrieb werden Waren über Einzel- sowie Konzernhändler angeboten. Die bisher verwendeten Kommunikationsinstrumente sind vor allem Sponsoring von olympischen Langstreckenläufern, sowie einiger Vereine in den Ballsportarten. Es wurden ebenso schon Laufevents in diesem Ausmaße gesponsert.

Die psychologischen Ziele des Sponsorings sind zum einen das affektiv-orientierte externe Ziel des Aufbaus sowie der Pflege der Sportmarke und zum anderen das kognitiv-orientierte externe Ziel der Bekanntmachung der neuen Frühjahrsprodukte (Nufer & Bühler, 2011a, S. 182 f.). Um einen effizienten und effektiven Einsatz des Sponsorings zu gewährleisten bedarf es einer exakten Zielgruppenplanung. Die Basiszielgruppe des Unternehmens sind sportbegeisterte und explizit laufbegeisterte Frauen und Männer jeden Alters. Die Beschreibung ergibt eine hohe Schnittmenge zwischen der Zielgruppe des Unternehmens sowie der angesprochenen Zielgruppe durch das Sponsoring. Demnach ist eine hohe Zielgruppenaffinität vorhanden, was für ein sich lohnendes Sponsorship spricht (Bruhn, 2010, S. 53).

Im Zuge des Laufevents sind fünf konkrete Einzelmaßnahmen geplant:

Tabelle 6: Einzelmaßnahmen im Zuge des Laufevents

1. Maßnahme	Bereitstellung einer Auswahl der neuen Frühjahrsprodukte durch Give-Aways an die Läufer, die am Wettkampf getragen werden
2. Maßnahme	Autogrammstunde mit zwei gesponserten olympischen Laufsport-Athlethen
3. Maßnahme	Wettbewerbe für die Zuschauer an der Läufermesse und am Tag des Events zum Beispiel eine Geschwindigkeitsmessung → Gewinner erhalten Preise
4. Maßnahme	Sonderangebotsaktion für Besteller von Produkten bei der Läufermesse Jeder der am Messestand des Unternehmens Produkte bestellt, erhält einen Sonderrabatt über 20 Prozent
5. Maßnahme	Verteilung von Handzetteln auf der Messe und am Tag des Events mit einer kleinen Zusammenstellung der neuen Produkte

Während des Sponsorings werden Prozesskontrollen stattfinden, um einen organisatorisch reibungslosen Verlauf zu gewährleisten. Dies geschieht in unserem Falle über genau ausgearbeitete Checklisten. Nach dem Sponsorship wird dieser auf Effektivität und Effizienz kontrolliert. Die Effektivitätskontrolle soll hierbei die Wirkung des Sponsorings überprüfen. Dabei werden Befragungen sowie Wirkungsanalysen angewandt. Die Effizienzkontrolle wird anhand der

Kosten-Nutzen-Analyse überprüft. Da jedoch bei unserem Sponsorship die psychologischen Ziele im Vordergrund stehen ist die Effizienzanalyse nicht ausschlaggebend für den Erfolg des Sponsorings. Vielmehr wird die Wirkung beim Endverbraucher sowie der Zielgruppe überprüft (Bruhn, 2010, S. 68).

5   Literaturverzeichnis

Achtzehn99. (2018). *Eliteschule - Doppelpass mit Sport und guten Noten.* Zugriff am 09.05.2018. Verfügbar unter: https://www.achtzehn99.de/akademie/eliteschule/.

Bruhn, M. (2010). *Sponsoring. Systematische Planung und integrativer Einsatz.* Wiesbaden: Gabler.

Cherdron, A. (2017). *Väter und ihre Söhne.* Wiesbaden: Springer.

Heckmann, G. (2018). *Fernsehgelder.* Zugriff am 09.05.2018. Verfügbar unter: http://www.fernsehgelder.de/.

Kratochvil, J. (2011). *Modernes Marketing für Sportvereine.* Aachen: Meyer & Meyer.

Nufer, G., & Bühler, A. (2011a). Event-Marketing im Sport. In G. Nufer, & A. Bühler, *Marketing im Sport. Grundlagen, Trends und internationale Perpektiven des modernen Sportmarketings* (S. 175-202). Berlin: Erich Schmidt.

Rohlmann, P. (2011). Merchandising im Sport. In G. Nufer, & A. Bühler, *Marketing im Sport. Grundlagen, Trends und internationale Perspektiven des modernen Sportmarketing.* (S. 233-264). Berlin: Erich Schmidt.

Seidel, M. (2018). *Tranfermarkt. Stadienübersicht.* Zugriff am: 09.05.2018. Verfügbar unter: https://www.transfermarkt.de/1-bundesliga/stadien/wettbewerb/L1.

Transfermarkt. (2018). *Anzahl der Mitglieder der Vereine der 1. Fußball-Bundesliga.* In Statista - Das Statistik-Portal. Zugriff am 09.05.2018. Verfügbar unter: https://de.statista.com/statistik/daten/studie/29723/umfrage/anzahl-der-mitglieder-ausgewaehlter-vereine-der-bundesliga/.

Woisetschläger, D., Backhaus, C., Dreisbach, J., & Schnöring, M. (2015). *Fußballstudie 2015: Die Markenlandschaft der Fußball-Bundesliga. In Institut für Automobilwirtschaft und Indrustrielle Produktion.* Braunschweig: Technische Universität Braunschweig.

6 Tabellenverzeichnis